꽃의 온도

꽃의 온도

오영자 시집

불교문예

■ 시인의 말

꽃집 차린 지 6년,
꽃들은 내가 기분이 좋을 때나, 안 좋을 때나
항상 웃고 있다

꽃들에게 웃고 사는 법을 배운다
꽃이 선생이다

꽃은 그대에게도 행운,

2025년 9월 시인의 꽃집에서
오영자

차례

■ 시인의 말

1부

꽃의 보색	12
꽃들의 밀어	13
표정 관리	14
꽃의 예찬	15
선생님의 꽃밭	16
꽃 이름	17
천천히 그리고 멀리	18
꽃의 후예	19
꽃들에게도 감추어진 이야기가 있다	20
꽃이 반, 하늘이 반	21
대명사	22
꽃들의 방	23
카라	24
세상에서 가장 유연한 꽃	26
수국쌈	28
장마에 피는 꽃들	30

2부

꽃의 구성	32
첫사랑이래요	33
오빠, 꽃	34
꽃은 썩지 않는다	35
유한화서, 무한화서	36
꽃의 표정	38
회의	39
꽃 선물	40
꽃들의 피어남을 걸음에 비교 한다면	43
꽃들의 신호	44
꽃의 환상	45
능소화 피는 언덕	46
꽃씨	47
꽃의 방향	48
당신은 무슨 꽃입니까?	49
꽃과 포장지	50

3부

꽃차를 마시며	52
기념일의 꽃들	53
엄마는 하얀 꽃을 좋아하셨지	54
치자꽃	55
무한궤도	56
꽃들의 언어	57
꽃의 온도	58
사이	59
진화된 상처	60
시간 쓰기	62
만발하는 날들	63
꽃들의 일생	64
꽃에게도 눈물이 있을까?	65
애절함	66
울음의 서식	68
숨	69

4부

꽃들의 별자리	72
꽃들이 등불이다	73
희망 사항	74
꽃의 울음	76
섬	77
절대적	78
인간이라는 방	79
무모	80
프러포즈	81
집	82
나의 묘비명	83
꽃의 배꼽	84
중심	85
제비꽃	86
늙은 벚꽃 나무	88
나에게로	90
토닥토닥	92

■ 작품론

갈마드는 에로스와 타나토스 | 이송희(시인)　　94

1부

꽃의 보색

꽃잎이 얇아지도록

가슴을 열어
다른 빛깔들과 어울린다

제 빛을 갖춘 것들이
꽃이 아름다운 이유다

우리는 꽃을 닮으려 가까이 가지만
어울리지 못하고 보색이 되고 만다

꽃들의 밀어

6월 이맘때는
하늘을 나는 아카시아 향기 가득하고
이팝꽃도, 밤꽃 향기도
코끝 찡하도록
인간의 키를 넘어 멀리 흘러 흩어져 넘어간다

가슴 한 켠에는 #이 하나 붙어 아려오는
가슴이 벅차 오기도 하는
알 수 없는 슬픔 같은 것들이 스쳐 지나가기도 한다

시절 안의 알아듣지 못한 꽃소식 하나 있는 것처럼
밀어 같은 것들이
실려 가는 것인지
무명의 짙은 향기가 하늘 가득하다

표정 관리

매일같이 아침이면
물을 갈아 주고
꽃들을 바라본다
꽃의 얼굴을 보는 것은
꽃들의 표정을 보는 것이다

어제의 표정을 보고 또 오늘의 표정을 본다
어제의 표정 하나가 누렇게 떨어져 나가기도 한다
떼어낸 잎사귀들 뒤로
곱고 여린 눈들이 또렷하다
더 밝아진다

색깔이 빛에서 빛으로 발광하고 있고
회생하는 빛의 발광은
표정 관리를 한다

꽃의 예찬

빛깔이 고와서
웃고 있어서
화내지 않아서
환해서
어디에도 잘 어울려서
마음을 다 드러내고도 향기로워서

찡그리지 않아서
욕심이 없어서
피어날 때 자기를 터뜨려서
나쁜 것들을 가리지 않고 환해서
경계를 가리지 않아서

선생님의 꽃밭

꽃들이 웃는다
선생님도 웃으신다
우리들이 웃는다
꽃밭 가득 아우성이다

초등학교 1.2학년 때 김은숙 선생님
꽃밭에 가본 적 있다

정년퇴임을 하고
꽃밭을 가꾸셨는데
아침이면 꽃밭에 가셔서 우리들 얼굴을 대하듯
안녕? 안녕? 인사하신다고 한다
제자들 소식 이슬처럼 받아먹고 사는 게
퇴직한 교사의 낙이라고 말씀하신다

선생님 꽃밭에 쪼그리고 앉았다
나는 무슨 꽃이었을까?
선생님은 하얀 백합꽃 같으신데

꽃 이름

꽃은 피기도 전에 이름을 얻는다
전에 부쳐진 이름이 꽃이 된다
누군가 처음에 지었을 이름,

이름 하나 얻기는
그 엄마의 엄마로부터
전해 내려오는 전설 같은 것이다

세상에 이름은 있으나 이름 없이 살다가
죽고 난 뒤에 이름을 기억하고 간직하고 묘비명처럼 간직한다면
이름은 죽음보다 깊은 꽃이다

별이 꽃이 되고
땅에 꽃이 별이듯
유난히 묽고 여리다
우리들 이름에는 꽃 이름이 하나씩 담겼다

천천히 그리고 멀리

꽃들의 개화 시기는 각각 다르다
방식도 각각 다르다
멀리 간 꽃들은 멀리서 피어오르고
가깝게 간 꽃들은 가까이서 피어난다

작은 꽃들은 조그맣고 여리게
큰 꽃들은 천천히 크게 마음이 열린다
꽃이 피어난다는 것은
세상에 점안을 찍는 일

촘촘하고 가깝게
가깝게 혹은 멀게

꽃의 후예

꽃들은 전설보다 오래
신화가 그들의 생애를 뒷받침해 준다

꽃들에게도 신전이 있었을 것이다
꽃들이 왕이 되고 신화가 되고
이야기들이 생겨났을 것이다

인간은 꽃의 후예가 되었는지도 모른다
꽃말들은 모두 꽃들의 생애일 것이다

꽃들에게도 감추어진 이야기가 있다

꽃은 피었어도
그 깊이는 알 수가 없다
그 꽃잎을 열어젖히면
눈물로 가득 차 있을지도 모른다

오묘함 뒤에는 눈물이 그 뒤를 흐르고 있고
가득 찬 그 속에는 아픔들이 가득 차 있다
그림자처럼 그늘이 드리워져 있기도 하고
색깔을 떨구고 금방 시들어 버리기도 한다

사람들이 그 뒤를 따르지만
꽃들도 나름의 체온이 바뀐다
얇은 꽃잎 뒤에서 들려오는 작은 바람 같은 이야기들에
귀 기울여야 한다

꽃이 반, 하늘이 반

지상에서 꽃의 영역은 얼마나 될까
반
반의반
우리와 함께 살아가므로 반이 되겠다

태양이 우주라면
꽃들의 우주는 땅이 된다
지구상에 꽃들의 향기는 얼마나 될까
꽃이 반이니 향기도 반이겠다

낮을 닫고 밤을 닫아도
어둠은 오고 향기는 넘쳐난다
한 송이 꽃이 하늘보다 더 넓다

대명사

꽃은 인간이 대신 할 수 없는 이름을 안고 산다

인간이 관여할 수 없는 영역에서
노란 등불 하나 달고 우주를 달려가고
보랏빛 눈물로 사막을 달리고
연둣빛 꽃은 나무의 허공을 헤어친다
흰 꽃은 마음에서 유영하며 산다

인간이라는 이름에
꽃이라는 이름이 덧붙여져
꽃들의 표정이 점점 더 선명해진다

꽃들의 방

꽃들의 방에 들어가 보기로 한다
꽃잎이 꽃잎을 감싸고 있고
그 빛깔이 빛깔을 주시하듯 뒤를 받치고 있고
그 작은 방의 가운데는 꽃의 요정이 살고 있어서

향기를 자꾸 밀어내고
빛깔을 밀어내고
온몸으로 그 우주를 돌려가며
세상을 향해 걸어오고 있는 것이다

느린 걸음으로
빠른 걸음으로
쉼 없이 걸어오고 있는 것이다
그 속도는 우리가 알 수 없는
눈으로 볼 수 없는 속도로

어쩌면 휘장처럼 두르고
우리가 알 수 없는 세계이듯이
우리의 주변을 감싸돌고 있다

카라

꽃이 피는 모양이 물음표를 닮아서
활짝 펴서는 귀처럼 피어서
어설프고 환하게 서 있어도

흰색, 노란색, 오렌지색, 검은색
여러 가지 색을 두르고서도
마치 음표를 달고 있는 것처럼
한쪽으로 기울어서 피어있다

짝귀를 달고 한쪽으로 기울어서
어스름하게
피어 사는 꽃

불완전이 완전해 보이고
불완전해 보이기도 하는
세상 모든 소리 듣고서도 모른 척 태연한 꽃

당신은 나의 행운이라는 꽃말 하나를 달고서

세상에 어디에도 당신만한 사람은 없습니다, 라는 꽃말을 갖고 있는
 세상에서 가장 작은 귀! 꽃!

세상에서 가장 유연한 꽃

햇볕이 쨍쨍 내리쬐던 이십 대 어느 여름
친구들과 완도 명사십리 해수욕장
튜브를 타고
접근 금지 구역이 있는 곳까지 쓸려갔다
안전 요원이 호루라기를 불며 금방 보트를 타고 온다

튜브를 타고 넘실대는 파도에 몸을 맡기고 유연하고 느리고
때로는 빠르게 파도에 몸을 맡겼다
햇살은 뜨거웠고
마음은 구름을 따라 저 멀리 가고 있었다

언젠가 아이들 데리고
해운대 바닷가에 놀러 간 일
잠시 화장실에 다녀오니 아이들이 없어졌다

해수욕장 내 미아보호소에 가니
아이들이 풍선을 들고 놀고 있었다

화가 나서 아이들을 때린 일이 있다
아이들에게 사과한다

세상에 가장 유연한 꽃들도 있다
하늘이 노란 날이었다

수국쌈

어느 여름, 노부부가 삼겹살을 구워먹기로 하였다지
남편은 아내에게 삼겹살은 당신이 구우라며
나는 밭에 가서 깻잎을 따오겠다고 했다지
남편은 밭에 가서 튼실한 깻잎을 소쿠리 가득 따왔다네

아내는 깻잎을 씻고
노부부는 앉아서 삼겹살을 깻잎에 싸서 먹는데
깻잎이 향은 하나도 없고, 씁쓸하여 아내가 깻잎이 이상하다고
깻잎이 왜 이러느냐고
노부부는 밭에 가보자고 했지

깻잎이
글쎄 수국 잎사귀였던 것이지
두 부부는 서로 마주 보고 웃었다고 하지
한참을 웃다 돌아온 부부

사랑은 알아도 사랑이고

몰라도 사랑이다

깻잎이 된 수국의 꽃말은 진심이다

진심 다한 사랑처럼

수국꽃을 아내에게 선물한다

장마에 피는 꽃들

장마는 꽃들의 시련이다
쓸리고 뽑혀서
떠내려가더라도
어딘가에 멈추어 서서
다시 꽃으로 살아간다

작고 여린 몸으로 세상의 한 켠에서 살아간다
세상은 아는지 모르는지
인간의 삶과도 닮아있다

작고 여린 것들이 세상의 어둠에서 벗어나듯이

2부

꽃의 구성

꽃들은 피어나면서부터 잎이 형태를 갖춘다
넓적하고 편편하게 모여서 핀 꽃들이 있고
국수처럼 가닥이 있는 꽃들도 있다

꽃들이 빛깔을 가지는 것도 오묘하지만
꽃은 모양이나 형태 또한 오묘하지 않을 수 없다
색깔과 모양이 각각 다르고
어느 행성에서 떨어져 핀 것도 아닐 테고
각자 피어서 얼굴을 내놓는다

신의 장난일까?
행성에서 열기를 잃어 떨어져 내린 난장이 종족의 발자국일까?
별이나 달에서 떨어져 내린 그림자일까?
못갖춘마디의 음표처럼
이름이 되고 색깔이 되어 피어나는 꽃들
어찌 보면 참 대책 없는 것이 꽃이 된 것 같기도 하다

첫사랑이래요

중학생쯤 되는 여학생이 꽃을 사러 왔다
3만원 짜리로 만들어 주세요
만드는 꽃다발을 보며 발을 동동 구르며 너무 예뻐요 너무 예뻐요, 그런다
꽃은 처음 사 봐요
남자친구에게 줄 거예요

다음에는 남자 친구에게 꽃을 받으세요
이제 꽃은 그만 사시고
이 보다 열 배로 큰 꽃다발을 받으세요
꽃은 남자가 여자에게 선물하는 것이지요
그런데 오빠가 매일 같이 떡볶이 사 주고, 김밥 사 주고, 햄버거 사주고
맛있는 거 많이 사주는데요

그래도 다음에는 오빠에게 꼭 받으세요
안 사주면 사달라고 하세요
소녀도 오지 않았고, 오빠도 오지 않았다
사랑은 진행형이다

오빠, 꽃

꽃도 어찌 보면 꽃의 상처에서 피는 것이라는 생각도 든다
큰오빠의 얼굴에 피부암이 재발하여
얼굴에 큰 옹이가 생겨났다
부풀대로 부풀어 눈 뜨고 볼 수 없어
세상에 이런 옹이도 있구나 생각했다

세상에 던져진 이름 하나
어찌 꽃이 아닐까?
색깔이 있고 곱다면 꽃이라고 말하고 싶다
사람의 몸에 어찌 저런 것이 피어날 수 있단 말인가?
아픈 꽃은 꽃이 아니다

꽃은 썩지 않는다

꽃들의 슬픔은
꽃대의 끝에서 피어난다

허공에 머리를 들고
낙타의 등을 타고 사막을 걷기도 하고

달빛에 스미기도 하고
태양을 따라 걷기도 하고

세상을 따라가다 보면
어디까지가 꽃이고
어디까지가 줄기인가?

꽃들은 모든 이들의 눈에 안길 때 행복하고
스스로 물들어 짓무르듯 허물어질 때
가장 슬픈 것이리라
그러나 꽃은 썩지 않는다 단지 허물어질 뿐이다

유한화서, 무한화서

꽃에게도 독이 있다면
꽃잎에게도 베이겠다

연하고 무른 꽃들은
제 몸을 보호하기 위해 잎사귀를 달고 있고
거친 줄기를 갖은 꽃들은 비교적 꽃잎이 도탑고 가시를 달고 있고
잎사귀는 돌기처럼 돋아서
제 몸을 향해 돌려나 피어난다
줄기가 끈적이기도 하며 줄기에서는 단내가 나기도 한다
제 몸을 보호하기 위한 독이라고 해도 되겠다

앙다문 꽃잎이 뭉쳐서 천천히 피는가 하면
여리고 순하고 가볍게 피어나는 꽃들도 있다
하늘이 좋은 꽃들은 하늘을 향해 피어나서 유한화서,
흙 내음을 좋아하는 겸손한 꽃들은 무한화서다
이 또한 자기를 보호하기 위한 꽃들의 몸의 태세이다

누구도 꽃잎에 관여하지 못하고
바람이 꽃잎에 말을 걸어오면
꽃잎은 더 얇은 꽃잎이 되기 위해 바람에 흔들릴 뿐
바람과 꽃의 경계가 환할 뿐이다

꽃의 표정

꽃을 사러 오는 사람들의 얼굴 표정은
비교적 환하고 곱다
또 곱게 차려입기도 하고
어디를 가기 위해 말끔하고 단정하게 차려입고 오기도 한다

환하게 웃는 사람들은
좋은 곳으로 꽃을 사가지고 가는 것일 테고
표정이 없이 창백한 사람들은
추모나 기일에 주로 사러 오기도 한다

꽃들은 넘치지 않고
고고하고 아늑하며 평온하고 온화하다
꽃은 신의 선물이다

회의

모여서 핀 꽃들은 퍼져서 피어난다
동그랗게 오므리고 피어나는 꽃들은 살며시 꽃잎이 꽃잎을 받쳐 주며 피어난다
꽃잎들은 네모지거나 딱딱하지 않다

꽃의 색깔은 각자의 성격이듯
곱고 선명하게 특성을 갖춘다

꽃들은 늘어지지 않고
서로 의지하며 피어 있다

그들의 밝음이 빛이고
꽃은 사치가 없다
환하고 밝으면서도 두드러지지 않기 때문이다
꽃들이 모여서 핀다

꽃 선물

여자 친구 생일이라고 만나기로 했다고, 꽃을 사러 와서
꽃다발을 주문한다
발을 동동 구르며 너무 예뻐요! 너무 예뻐요!
목석같은 남자가 봐도 이렇게 예쁜데,
내 여자 친구가 보면 얼마나 예쁘다고 좋아하겠어요?

프러포즈 꽃다발을 사려고 와서
빨간 장미 100송이를 주문하고
결혼하기 전에 이벤트를 해준다며 카페를 통째로 예약
했다며 꽃을 들고 간다

여자 친구 부모님께 처음 인사 간다면서
꽃바구니를 대형으로 주문을 한다
무겁게 들고 가는 모습에서 합격을 예감한다

여학생 둘이 들어와서 한 친구는 꽃 5천 원어치만 주세요, 라고 주문하고 기다리고 있고, 한 친구는 케이크를 사러 간다

꽃을 사는 친구가 꽃을 조금 더 넣어서 예쁜데 8천 원이래, 라고 전화를 한다

친구가 그래 그렇게 하라고 한다 케이크를 산 친구는 손바닥 만한 케이크를 들고

오고, 꽃을 사는 친구의 주머니에 3천 원을 넣어 준다 됐다고 해도 받으라고 한다

알뜰한 여학생들을 본다

프러포즈부터 부모님들께 인사 갈 때, 여자 친구 생일에, 여자 친구 어머니 생신에 꽃을 계속해서 사가다가 나중엔 신부 부케와 부토니오 7개를 준비한다

부토니오는 신랑, 양가 부모님들, 사회자, 주례사, 모두 7개를 주문한다

주문은 다양하고 용도도 다양하다

꽃은 인간이 행복하기 위한 필수의 조건이기도 하다는 생각이 든다

꽃은 신이 인간에게 준 가장 아름다운 선물이 꼭 맞는

것 같다는 생각이 든다

   꽃을 사러 오는 사람들을 보면서 우주에서 가장 아름다운 모습이라는 생각이 들었다

꽃들의 피어남을 걸음에 비교 한다면

천천히 피는 꽃이 있는가 하면
좀 빨리 피어나는 꽃이 있다
마치 우리가 걸음마를 하는 것처럼

천천히 피는 꽃은 향기가 진하다
그 안에 향기를 머금고 피기 때문이다
빨리 피는 꽃은 묽다
이를테면 향기가 연하고 순하다
우리들 마음과도 같지 않을까?

꽃들의 신호

계절이 오려면 제일 먼저 꽃이 도착한다
시간을 알리듯, 계절을 알리듯
와서는 계절을 누린다

그렇게 세상에 와서
당당하고 조용하고 곱게 살다가 간다

꽃에게 되돌아간 사람들

꽃의 환상

꽃들은 색깔이 그 자태를 나타내기도 한다
노란 꽃의 향기는 달빛처럼 그윽하고 달빛 향기가 난다
빨간 꽃은 태양에서 온 것처럼 매혹적이고 향기도 진하다

흰 꽃은 순한가 하면 향기가 독특하다
보랏빛 꽃은 로맨틱하면서 사랑의 마술사 같기도 하다
핑크빛 꽃은 향기가 사탕처럼 달콤하고 매력적이다

오렌지빛 꽃들은 꿀처럼 달달한 향기가 난다
꽃에 취하고
향기에 취하고
매력에 취하고
사랑에 취하는 것이 길고 짧게 살다간 꽃들의 인생인 것 같다

꽃들에게도 환상은 있다

능소화 피는 언덕

능소화는 어른 꽃 같다
붉은 달빛이 담겨 있는 능소화는
마음에 진한 사랑이다

담을 타고 오르는가 하면
나무를 타고 오르기도 하고
그 빛이 진하고 강하다

자식들 모두 데리고 올라가듯
뻗어 오른 줄기에 매달린 꽃들이
아우성이다

꽃씨

　꽃은 우주에서 발을 헛디뎌 떨어트린 씨앗의 하나는 아닐까? 꽃들도 별들처럼 이름이 담겨 있고
　나름의 색깔이 들어 있다

　수국은 수성에서 왔을 것 같고
　금잔화는 금성에서 왔을 것 같고
　장미는 지구에서 피어난 꽃 같고
　다알리아는 화성에서 온 것처럼 불씨를 닮았다
　목화와 목백일홍은 목성에서 왔을 것 같다
　천사의 나팔은 토성에서 왔을 것 같고
　천리향은 천리의 향을 담도 천왕성에서 왔을 것 같고
　해바라기는 해왕성에서 왔을 것 같고
　백합은 명왕성에서 왔을 것 같다

　별이름 하나에 꽃 이름 하나씩 들어가 있고
　꽃 이름을 모르면 시인이 아니라는 어느 시인의 말처럼
　꽃 속에서 우주를 담아 본다
　내 눈 속에서 꽃이라는 우주를 만난다

꽃의 방향

꽃은 피면서부터 방향이 있다
위를 향하고 있는 꽃이 있는가 하면
아래를 향하고 피어나는 꽃들이 있다

그들에게도 세계가 있어
그들의 길을 따라가고 있는 것이리라
또 향기는 그 뒤를 따라서 가고

자기의 방향을 향해 간다는 것은 얼마나 온당한가?
인간만 자기의 방향을 모르고 살아가는 것 같다
그래서 인간이라는 몸에서는 꽃도 피지 않는 걸까?

꽃들의 세계는 얼마나 편안하고 풍요롭고 자유로운가?
등불 하나 단 자태가 위로 향한 유한화서
등불 하나 단 자태가 아래로 향한 무한화서
인간의 유형은 어디쯤일까?
나는 아래로 향하고 싶다

당신은 무슨 꽃입니까?

문득 당신은 꽃입니까?
우리가 꽃을 보면서
나와 닮은 꽃을 본 적은 있는가?

꽃의 이름을 대지 않더라도
나열하지 않더라도
꽃 이름 하나 알아내듯
내 마음 하나씩 알아 간다면
우리는 이미 꽃이 아닐까?

꽃도 나를 볼 것이고
나도 꽃을 볼 것이다
환하게,
그렇게 살아갈 일이다

꽃과 포장지

꽃다발을 완성하는 일은
꽃말이 어울리고
꽃들이 서로 조화롭게 어울리고

포장지는 꽃을 싼 후에
조화가 맞아야 하지
보색을 쓰기도 하고,
같은 색을 쓰기도 하지

받는 사람은 다양해도
준비하는 마음은 하나같이 진심과 사랑이다

3부

꽃차를 마시며

꽃을 사랑하시나요?
꽃을 보고
꽃을 말려
꽃을 우려
꽃차를 마신다

꽃 속에서 시간을 마시고
꽃 속에서 별빛과 태양을 마시고
우주를 마시고 온기를 마신다

그러면 우리 몸이 꽃들의 정원이 되는 건가?
꽃들이 나를 감싼다

기념일의 꽃들

어버이날, 스승의 날이 오면 카네이션을 사고 코사지를 사고
꽃바구니를 사서 준비한다

졸업식에는 예쁜 꽃다발 나만의 꽃다발을 준비한다
발렌타인데이는 사랑 꽃다발을 사고
화이트데이도 꽃다발을 산다

결혼기념일, 생일, 축하 선물로 꽃을 준비한다
꽃은 인간하고 떨어질래야 떨어질 수 없는
신이 주신 인간의 가장 숭고하고 아름다운 선물이리라

꽃이 가고
꽃을 받고
사람 마음이 움직이고
사랑이 싹트고
꽃은 사랑 전도사 같기도 하다

엄마는 하얀 꽃을 좋아하셨지

가만 보면 엄마는 흰색 꽃을 좋아하셨다
백합을 좋아하셨고,
목련을 좋아하셨다

이른 봄 봉긋하게 피어오르는 목련을 보면
참 예쁘다고 하셨다

나는 어릴적 엄마 따라 좋아했던 꽃이 집의 화단에 하얀 백합꽃 이었다
온 집안에 백합 향기가 가득했다

엄마가 돌아가신 날은 하얀 아카시아 꽃이 온 동네를 풍기는 아카시아 향기가
하늘 멀리까지 퍼져서 갔다
엄마는 그 아카시아 꽃향기를 따라서 하늘 멀리 멀리까지 가셨을 것이다
나는 하늘을 바라보며 하염없이 엄마 엄마 불러본다

치자꽃

치자꽃이 피는 시절에는 나도 치자 꽃향기 옆에 머문다

향기가 나무를 감싸고
주변을 감싸고
사람도 감싼다

작고 하얀 흰 구름처럼
아니 나비의 날개처럼 곱고 얇게 피어서
지상의 풍경을 감싸고 돈다

향기의 향유는 인간의 몫
천천히 또는 빠르게
치자 향기에 오래 취하고 싶다

무한궤도

키가 큰 여학생이 꽃을 사러 왔다
오빠를 만나는데 오빠에게 선물할 건데 꽃은 처음 사본다고 한다

어떤 남학생이 꽃다발을 사러 와서 발을 동동 구른다
감성이 풍부한 여자 친구가 보면 너무 좋아할 것 같아요

꽃을 사는 사람들은 언제나 마음이 곱고 예쁘다
복장도 대부분 단정하다
약속을 하고 만날 시간을 정한 후에 꽃을 사러 오기 때문인 것 같다

꽃은 사랑도 전하고
마음도 전하고
분위기도 전한다

그 속에 전하는 무언의 언어들도 함께 전해지리라
그 방향과 속도는 무한궤도이다

꽃들의 언어

꽃들의 언어를 들어 본 적 있는가?
꽃 속에는 우리가 알아듣지 못하는 숱한 언어들이 들어 있을 것이다

태초부터 지금까지 전해 내려오는 언어들
그리스 신화에 나오는 전설 같은 이야기들
여신과 접촉하여 생겨나는 꽃들의 언어
모양과 색깔과 크기가 각각 다르게
그 속에 무한한 언어들이 내재되어 있다

꽃을 사랑하면 꽃의 언어를 들을 수 있을까?
축복에서만 피어날까?
저주에서도 피어날까?
무수히 많은 길을 따라 피어났을 꽃들
세상에 꽃들의 경계는 없다
지상에 손님처럼 온 꽃들에게
은밀한 언어를 하나쯤 배우고 싶다
꽃들의 언어가 허공에서 낭자하다

꽃의 온도

중복이 지난 일 년 중 가장 뜨거운 때이다
청년의 가슴에 사랑이 있어
이 더운 삼복더위에도
꽃을 사러 온다

꽃은 사랑
그 이상이다

사이

바람과 가장 가까운 것들은
바람의 곁에서 흔들리는 것들이다
이를테면 잎사귀들,

꽃들도 그 속에 속한다 하겠다
바람은 모질기도 하지만
때로는 그들을 키워주고 안아 주기도 한다

세상에 바람이 없다면
어찌 꽃잎이 얇아졌겠는가?
향기는 어디서 올 것이며
빛깔은 또 얼마나 간결한가?

바람의 곁에서
꽃들은 가장 가까운 사이인지도 모른다

진화된 상처

꽃들은 상처 속에서 핀다
잎사귀를 돌아서 피어난다
꽃들은 피어나면서
꽃받침이 하고 있고
꽃받침 위에서 핀다

어쩌면 불완전하고
아찔하게 피어나는지도 모른다
아찔하고 숨 가쁘게 꽃대를 살며시 들어
그 위로 피어나는지도 모른다

고통의 끝에 매달려서
피어난다
상처를 단 것들은 언제나 꽃을 피우지
우리의 상처들이 그렇듯이
꽃들은 그러고도 환하고 찡그리지 않고

꽃들은 무르고 곱고 연해서 더욱 아름답다

불완전한 것들은 또 꽃으로 피어난다
우리의 사랑이 그렇듯이

시간 쓰기

꽃들은 꽃을 피우는데 시간을 다 쓰고 있다
얼마나 많은 시간을 흘려보냈는지 알 수 없다
감당할 시간이 개화의 시간이라면
너무나 합당하다

꽃들은 더도 없고
덜도 없이
자신을 피워 낸다

꽃이 다 떨어져 내릴 때까지 향기를 가둔다
꽃들이 아름다운 이유일까?

만발하는 날들

당신의 마음 정원은 어떻습니까?
유연하고 화려하고 아름답습니까?
아니면 지독하게 지쳐서
거칠고 메말라 꽁꽁 얼어 닫아 버리셨습니까?

때로는 바싹 말라버린 입술처럼
마른 정원을 가진 적이 있으리라
그리하여 꽃들이 피지도 못한 적 있습니까?

마음은 우리를 안고 있고
때로는 내려놓기도 하고
고독하게 만들기도 하지

마음 정원에 비가 내려 항상 촉촉하고
꽃들이 만발한 날들을 생각해 보아요

꽃들의 일생

꽃들은 겹겹이 의지하여 피어난다
꽃들의 숲을 본 적이 있는가?
꽃들은 세상을 어떻게 볼까?

아픔도 행복으로
불행도 행복으로
오해도 이해로
화가 나도 용서로

꽃들은 그렇게 사는 것이 꽃들의 일생이 아닐까?

꽃에게도 눈물이 있을까?

꽃들에게도 눈물이 있는지 모르지

꽃들이 당신과 마주하고
당신이 울면 꽃도 울고
당신이 웃으면 꽃도 웃을지 우리는 모르지
꽃들이 사람을 닮은 화신인지도 모르지

애절함

매미소리 요란하다
송곳으로 찌르는 듯한
따갑고 애절한 소리
유년의 시절을 벗고 태어났으니,
우리가 태어날 때도 저렇게 간절하고 애절하게 울까?

비우기 위해 저렇게 우는 것일까?
매미의 울음소리에
새들이 조용하다
사람도 조용하다
꽃들도 조용하다
매미의 소리를 경청하는 것일까?

세상에 끝없는 길이 있고
매미의 울음도 경전처럼 끝없는 길이 있는 것일까?
더워야 우는 곤충
더위에 몸을 맡겨 사는 곤충
온몸이 까매지도록 우는 곤충

그 가슴에 울림으로 파르르 떨리고
여름도 조용히 매미 안으로 스민다

내 몸에도 울음의 더듬이 하나 생겨나는 듯하다

울음의 서식

한 없이 울고 싶은 날들도 있지
겉돌고 있는 것
모여 있는 것들
응어리 진 것들
마음의 표정은 알 수가 없어
오늘도 겉돌고 있지만
마음의 서식에 닿는 것들은
서식처 안에서
마음은 그곳에서 모두 산화되리라
꽃!

숨

아침나절 가게 안에 나비 한 마리 날아와서는
두 날개를 접고서
가만히 앉아 수평을 재듯
가만 가만히 자신을 모으고 있다

이따금 날개를 펄럭이기도 하면서
자신의 몸을 세우고 앉 듯 서 듯
수평을 재며 명상을 하는 듯하다

고요가 마음에 닿아 있고
숨은 참은 듯
잠시 자신을 멈춘다

고요한 날개가 몸을 세운다
사뿐하고 가벼운 두 날개가
나비의 일생을 흔들고 있다

어느 생에 가 닿을 것인가?

4부

꽃들의 별자리

꽃들도 별을 쫓아가서 그곳에서 함께 빛나는 것일까?
모여서 피는 자리가 꽃들의 별자리가 될까?
꽃은 별을 모르고
별은 꽃을 몰라서
각자의 영역이 꽃들이 피는 별자리일까?
촉수가 달려 있어서 우주의 별과 교신한 후 꽃이 핀 것일까?

꽃들의 영역은 그 누구도 들어가 박힐 수 없는 영역이어서
꽃들이 핀 자리가 꽃들의 별자리일까?
그곳에서 향기도 머물고 있으니
그 누구도 부인할 수는 없을 것이다

꽃의 자리가 꽃들의 별자리라는 것을,

꽃들이 등불이다

꽃들이 피어난 자리마다 환하다
마음은 꽃들이 핀 자리에 머문다

작으면 작은 대로
크면 큰 대로
환하게 피어서 어디를 주시하기 보다는
흔들리며 웃고 있다

곱게 핀 꽃들은 그 색이 마냥 곱다
핀 자리가 환하게 마음을 전한다
꽃들이 세상을 밝힌다

희망 사항

사촌 언니는 결혼해서 형부와 40년을 세탁소를 하고 있다
딸 둘도 잘 키워 결혼시키고, 단독 주택에 살다가 아파트도 사서 이사하고, 바닷가에 땅도 샀다고 자랑한다
늘그막엔 거기에 집도 짓고 살 거라고 한다

나는 이제 고작 꽃집을 차린 지 6년이다
언니에 비하면 병아리에 불과하다

양재동 꽃시장에 가니 상점 사장님이 옛날이야기를 하신다
옛날엔 신분 세탁을 하기 위해
꽃집도 차리고, 옷집도 차리는 여성들이 있었다고 한다
지금은 꽃집을 차리는 연령대가 젊은 사람들이다
그런데 오래 하지도 못하고 그만하고 만다

나도 이 분야에서 당신이 최고라는 말을 들으며 살고 싶은데

7.5평 작은 꽃집이 내겐 책방이고, 갤러리다

작은 소망 하나가 나의 머리 위를 빙글빙글 돈다

꽃의 울음

바람은 울음의 통로를 찾아
꽃으로 들어가
꽃 속에서 울고 있을지도 모른다

아무도 모르게 소리 없이
실컷 울고도
울지 않은 척
또다시 꽃에게 기대어 울지도 모른다

섬

꽃이 피는 걸 보고 있으면
우주가 꽃을 피웠다는 생각이 든다
우주에서 가장 마지막 남는 것도 꽃이 아닐까

우주에서는 꽃이 안 보일 수도 있다
하지만 우리가 보는 우주에서는 꽃도 보이고 별도 보인다
꽃은 우주를 섬처럼 담고 있고
우주는 또 꽃을 섬처럼 담고 있을 것이다

최후에 남아 있는 것도 꽃이기를
인간도 우주에 담긴 꽃이므로

절대적

누구도 발견하지 못한 색을 찾아 나서기 시작한
인간은
동물보다도 눈이 깊어졌으리라

우주에서 날아오는
마지막 편지는 꽃이 아니었을까?

바람이 닿을수록
꽃은 점점 더 깊었으리라

인간은 그 속에서 퇴화하지 않으려고
안간힘을 썼을 것이다

인간에게 꽃은 절대적이고
꽃에게는 인간이 절대적이었으리라

인간이라는 방

바람을 거슬러 올라가면
꽃들은 우주의 창조물 중
가장 밝고 빛나는 영물 같은 것이었으리라

세상을 바라보는 눈!
세상을 끌어안는 힘!
바람은 그것을 전달해 주는
역할을 했을까?

꽃은 인간이 가닿은
마지막이고도 처음인
낯설고 어설프고 여린
모순 같은 것에서
더욱 환하게 빛나는
눈빛이 아니었을까?

무모

꽃들이 떠난 계절은 삭막하다
아무것도 없는 계절처럼
풀벌레 소리
벌들의 움직임
나비의 자태도 모두 자취를 감추고 만다

바람이 기나긴 끄나풀처럼
지상을 훑고 지나간다
바람의 모서리에서
계절도 메말라 등을 돌려 지나간다
또 어디서 바람이 불러와서
계절의 끝과 시작을 이어줄까?

실을 잣는 여치처럼

프러포즈

일주일 전, 그는 꽃을 예약했다
여자 친구에게 줄 프러포즈 꽃다발을

세상의 꽃을 다 지나서 세상의 끝에 피어 있는
백만 번째쯤 피어 있는 꽃을
세상 가장 깊은 곳에서
마지막인 듯, 꽃으로 핀 꽃을

세상에 가장 멀고 아름다운 꽃을

집

우리는 꽃을 사랑하고
꽃을 선물한다

어쩌면 우리가 꽃에게 안겨서 사는 것인지도 모른다
우리는 어쩌면 꽃집에 살고 있는지도 모른다

꽃도 집이 된다
꽃은 사랑이고
주인이 된다

나의 묘비명

꽃으로 살고자 했으나
꽃을 바라보며,
꽃을 품고 살다 가네

꽃의 배꼽

꽃에게도 배꼽이 있어
부풀어 피어오르다
멈춘 곳에서 더 환하게 피어오른다

몸을 들추어 내기도 하지만
부푼 후에
비명 같은 소리들이
활짝 펴져서
더 환하게 활짝 퍼진다

꽃들의 환호가 천 리, 만 리를 간다

꽃은 작아도 태양 같은 배꼽이
우주를 지탱한다

배꼽이 우주다

중심

그러고 보면
땅에서 솟아오르는 것들은 언제나 푸르다
음지를 견뎌 낸 저 푸른 멍
까무러치듯 솟아오른다

지독하게 저를 움켜쥐고
아찔하게 솟아오르는
저 힘

제비꽃

한 생의 올진 마음을
가녀린 몸으로
한뼘도 안 되는 보라색 생을
살다가 가는 세월의 꽃

오므린 어깨로
태양의 빛깔을 바꾸는 재주가 있다
아니 밤새 이슬로 마음을 적시었을 것이다
저 재주는 안으로 깊이 든 멍일 수도 있다
저 색깔을 가진다는
마음을 그을린다는 것
환한 달빛을 받아
보랏빛 얼룩을 만든다는 것

화려하지 못하여
그 마음 차마 드러낼 수 없어도
수줍은 듯 지나는
바람에게 마음을 전하면 그 뿐

한 생을 한 색깔로 산

작은 꽃잎 위에

스스스 흔들리는 마음을 얹어 본다는 것

늙은 벚꽃 나무

노인이 한 짐 꽃을 지고 있다
바람이 스윽 지나갈 때마다
온 몸에 힘을 풀고 흔들린다
이마에 땀을 쓸어내리며
환히 웃고 서 있듯

꽤 여러 번의 꽃들을 졌다 벗었다 했을 것이다
그러는 동안 나무는 점점 더 굵고 붉어지며
늙어 갔으리라

언제부터인지 꽃을 피우지 않는
가지도 생겼으리라
몇 마리의 새가 날아와 이쪽저쪽 가지를 흔들며
옮겨 다닐 때에는
그냥 웃었을 것이다

노구의 몸으로 지어 나른 생의 짐들은
하얀 잔소리가 되어

어린 봄날 위에 떨어지고
드문드문 남은 씨앗처럼
꽃이 진 가지들이
어둠처럼 깊다

저 꽃들이 다 져서
등에 진 무거운 꽃짐들이
훨훨 떨어져 내리면
아주 가벼운
봄을 다시 사시겠다

나에게로

제 몸에 한낮의 태양을 꽂고
그 몸의 끝에서 마음을 열어
피어오르는 한 송이 민들레
생과 사를 한 몸에 달고 있는 두 개의 세상
내 안에 내가 또 하나의 내가 있음을 보았네

그 뿌리 너무도 연약해서 꼭,
어느 틈에서, 그 틈을 다 채우고야 마는 민들레
스스로 작다고 믿는 그 마음이
질긴 여름을 보내면서
어두운 곳으로 날려 보내는 저 작은 씨앗의 태양들

오랜 시간을 가두어 두었던 저쪽의 틈
환한 등불 같은 꽃 하나 자라고 있는
내 속의 수많은 틈들이 보이네

이른 아침 내 몸에서 돋아난 내 눈물 한 방울을 보네
한 방울의 향기가 내 발등을 적시는

그 한 송이 향기를

지나가는 모든 이들의 눈으로 옮겨주는

낮은 키의 나를 보네

토닥토닥

토닥토닥 비가 옵니다
세상에 힘든 것들
토닥거리듯

스미는 마음마다
안아 주는 마음으로
토닥토닥

마음과 마음이 만나는 소리
토닥토닥
빗방울 한곳에 모여
발맞추는 소리 토닥토닥

우리들 마음이
크는 소리
토닥토닥

■ 작품론

갈마드는 에로스와 타나토스

이송희(시인)

1.

꽃은 생명의 절정을 찰나적으로 응축해서 보여준다. 그래서 꽃은 짧은 생의 끝에서 피어나는, 사랑이라는 에너지의 가장 순도 높은 발현이다. 우리는 그 덧없음을 알기에 더 깊이 들여다보고, 더 오래 기억하려 한다. 그러나 우리는 영원한 것에 마음을 두지 않는다. 오히려 곧 사라질 수밖에 없는 것에 더욱 마음을 준다. 블라디미르 잔켈레비치Vladimir Jankélévitch가 말했듯, 진정한 아름다움은 '임박한 소멸'에서 태어난다. 꽃이야말로 임박한 소멸에서 피어나는 아름다움을 품고 있다. 곧 시들어 버린다는 것을 알면서도 피고, 피었기에 웃는다. 이 찰나의 생명 앞에서 우리는 매번 멈추고, 바라보며, 사랑한다. 롤랑 바르트Roland Barthes의 '사랑의 단상'에서는 사랑이란 본질적으로 '부재'를 전제로 하기에, 영원한 것보다 사라지는 것에 더 깊이 반응한다고 말한다. 꽃을 바라보며 미소 짓는 우리의 마음은, 그 유한함 속에서 사랑을 발견하고, 소멸 속에서 의미를 붙잡으려는 무의식적인 반응일지도 모른다.

  늘 꽃과 함께 생활하며 꽃의 이야기를 시로 풀어낸 오영자 시인의 시집 『꽃의 온도』에서도, 시인은 유한하고 일시적인 꽃의 생애를 통해 우리의 삶을 들여다본다. 그는 "제 빛깔을 갖춘 것들이" 아름다운 이유를 꽃에게 묻고, 그 대답 속에서 존재의 본질과 사랑의 온도를 탐색한다. 꽃은 단순한 대상이 아니라, 각자의 색을 품고 피어나는 생의 은유로 자리한다. 그렇게 오영자 시인은 꽃을 통해 존재의 고유한 빛깔과 그 아름다움의 이유를 묻는다. 이제 우리는 오영자 시인의 시 「꽃의 보색」을 따라, 서로 다른 속성을 품으면서도 제 빛깔을 잃지 않고 어우러지는 꽃들의 세계로 한 걸음 들어가 보기로 한다. 상반되는 이미지 속에서도 조화를 이루는 그 풍경은, 어쩌면 우리 삶의 또 다른 은유일지도 모른다.

    꽃잎이 얇아지도록

    가슴을 열어
    다른 빛깔들과 어울린다

    제 빛을 갖춘 것들이
    꽃이 아름다운 이유다

    우리는 꽃을 닮으려 가까이 가지만

어울리지 못하고 보색이 되고 만다
　　　　　　　　　　　　　—「꽃의 보색」 전문

　이 시는 단순한 조화를 넘어서, 각자가 "제 빛을 갖춘 것"에서 비롯되는 고유성과 공존의 아름다움을 사유하게 한다. 시인은 꽃의 세계를 통해, 우리가 어떻게 서로 다름 속에서 진정한 조화를 이룰 수 있을지를 묻는다. 보색補色은 서로 보완하는 색으로, 정반대의 성질을 지녔지만, 나란히 놓일 때 오히려 서로를 가장 선명하게 드러낸다. 주황과 남색처럼, 보색은 충돌이 아니라 강조의 방식이다. 빈센트 반 고흐나 앙리 마티스와 같은 화가들은 이 보색의 힘을 직관적으로 활용하여 색채의 감각을 극대화했다. 서로 다른 두 색은, 서로를 가리지 않으면서도 빛나게 한다. "우리는 꽃을 닮으려 가까이 가지만/ 어울리지 못하고 보색이 되고 만다". 표면적으로는 '조화롭지 못한 대비'처럼 보이지만, 이 보색이 오히려 서로를 돋보이게 한다는 점에서 아이러니한 진실을 품고 있다. 중요한 것은 '같아지려는' 시도가 아니라, 서로 다르면서도 공존하려는 태도이다. 도덕경道德經에서는 빛을 감추고 티끌 속에 섞인다는 '화광동진和光同塵'이란 말이 나오는데, 이는 자신의 뛰어난 지혜와 덕망을 드러내지 않고 세속을 따른다는 말이다. 그러나 이 시에서는 자신을 감추려 하기보다 서로의 다름을 수용하면서도 더불어 살아가는 '공존의 길'을 모색한다. 그래서 오히려 '제 빛을 갖춘' 채로,

더 넓은 색채의 스펙트럼 안에서 아름다움을 나누려 한다. 그렇게 우리는, 꽃처럼, 얇아지도록 마음을 열고 다름과 함께 빛날 수 있는 존재가 되고자 한다.

2.

   꽃은 피기도 전에 이름을 얻는다
   전에 부쳐진 이름이 꽃이 된다
   누군가 처음에 지었을 이름,

   이름 하나 얻기는
   그 엄마의 엄마로부터
   전해 내려오는 전설 같은 것이다

   세상에 이름은 있으나 이름 없이 살다가
   죽고 난 뒤에 이름을 기억하고 간직하고 묘비명처럼 간직한다면
   이름은 죽음보다 깊은 꽃이다

   별이 꽃이 되고
   땅에 꽃이 별이듯
   유난히 묽고 여리다
   우리들 이름에는 꽃 이름이 하나씩 담겼다
                               —「꽃 이름」 전문

시인은 '이름'이라는 말에 담긴 고유성과 상징성, 그리고 존재의 '의미와 목적'을 섬세하게 풀어낸다. 꽃은 피기도 전에 이름을 얻는다. 그 이름은 단순한 명칭이 아니라, 누군가의 기억과 마음이 먼저 다녀간 자리다. "그 엄마의 엄마로부터/ 전해 내려오는 전설 같은 것"이라는 문장에서, 이름은 세대를 관통하는 서사이며, 존재 이전에 이미 시작된 이야기로 읽힌다. 이 시에서의 '이름'은 단지 부르는 말이 아니라, 살아가는 이유이자 떠난 뒤에도 남는 흔적이다. "세상에 이름은 있으나 이름 없이 살다가/ 죽고 난 뒤에 이름을 기억하고 간직하고/ 묘비명처럼 간직한다면/ 이름은 죽음보다 깊은 꽃이다"라는 구절은, 우리가 종종 생전에 자신의 이름값을 알지 못한 채 살아가다가, 오히려 죽음 이후에야 비로소 기억되는 아이러니를 말한다. 그러므로 이 시에서 '이름'은 일종의 영혼이며, 꽃은 그 영혼이 피어난 투사물이다.

또한 시인은 "별이 꽃이 되고/ 땅의 꽃이 별이듯"이라고 말하며, 이름의 존재를 하늘과 땅, 생과 사를 넘나드는 보편적인 질서 속에 놓는다. 이름은 흙에서 피어나고 별처럼 사라지는, 묽고 여린 존재다. 하지만 바로 그 여린 이미지 속에서 우리는 각자의 '꽃 이름'을 품고 살아간다. "우리들 이름에는 꽃 이름이 하나씩 담겼다"는 문장은, 모든 존재가 이미 아름다운 이름을 지니고 있으며, 그 이름을 피우며 살아가고 있음을 잔잔하게 일러준다. 이름은 단지 정체성의 표식일 뿐만 아니라, 삶의 체험을 통합하는 하나의 '역할'이다. 이름은 헛되이 전해지지 않는다는 '명불허전名不虛傳'처럼, 우리는 각자의 꽃 이름을 통해 한 시절을 살고, 사라진다. 꽃은 식물의 가장 아름다운 순간이며, 동시에 가장 덧없는 순간이다. 그 찰나의 빛처럼, 우리의 이름도 어떤 시절에는 젊고 싱그럽게 피어나고, 또 다른 시절에는 조용히 묘비명처럼 남는다. 시인은 결국 생명이 하나의 이름으로 기억되니 '이름'은 단순한 호명이 아니라, 사랑을 받는 영광된 순간, 그리고 잊혀지지 않을 흔적으로서의 '꽃'이라고 힘주어 말하는 것이다.

    바람과 가장 가까운 것들은
    바람의 곁에서 흔들리는 것들이다
    이를테면 잎사귀들,

    꽃들도 그 속에 속한다 하겠다
    바람은 모질기도 하지만
    때로는 그들을 키워주고 안아 주기도 한다

    세상에 바람이 없다면
    어찌 꽃잎이 얇아졌겠는가?
    향기는 어디서 올 것이며
    빛깔은 또 얼마나 간결한가?

바람의 곁에서

꽃들은 가장 가까운 사이인지도 모른다

— 「사이」 전문

  시인은 바람이라는 외적 조건이 결코 꽃을 해치는 것이 아니라, 그것과 함께 "가장 가까운 사이"를 이루며 존재를 완성해 간다고 말한다. "바람과 가장 가까운 것들은/ 바람의 곁에서 흔들리는 것들이다"는 도입에서 알 수 있는 것은 바람은 언제나 곁에 있으되, 보이지 않는다는 것이다. 하지만 그 흔들림 속에서 잎사귀와 꽃은 존재감을 드러낸다. 바람은 때로 모질고 매섭지만, 동시에 "키워주고 안아주기도 하는" 양면성을 지녔다. 꽃은 그 바람과 가장 가까운 거리에서, 모진 풍파와 위로를 동시에 겪으며 자신을 피워낸다. 시인은 "세상에 바람이 없다면/ 어찌 꽃잎이 얇아졌겠는가?"라고 묻는다. 이는 단순히 물리적 환경을 이야기하는 것이 아니다. 바람이란 존재는, 꽃의 연약함과 섬세함을 만들어 낸 근원이다. 향기와 빛깔조차, 그 흔들림을 통과한 뒤에야 비로소 간결하고 깊어진다. 이 시는 시련과 상처, 흔들림을 겪은 존재만이 내뿜을 수 있는 아름다움이 있다는 사실을 일러준다.

  바람과 꽃의 관계는 일방적인 지배나 수동적인 순응이 아니다. 그것은 서로를 완성시키는 '사이'다. 이 '사이'라는 말에는 거리감과 동시에 친밀함, 흔들림과 동시에 균

형이 공존한다. 시인은 이 관계 속에서 인간 존재의 길도 함께 모색한다. 우리 역시 삶이라는 바람 속에서 흔들리고, 상처받고, 휘청이지만, 바로 그 과정을 통해 더욱 얇고 섬세하며, 결국 향기를 머금은 존재로 나아간다. 바람은 삶의 역경이나 시련으로 비유될 수 있으나 그것은 단순히 참고 견뎌야 할 고난이 아니라, 우리를 더 유연하고 풍요로운 존재로 다듬는 과정이기도 하다. 햇볕이 너무 뜨겁거나, 비가 너무 많이 내리거나, 바람이 너무 세게 불어도 식물의 생육은 녹록하지 않다. 그러나 중요한 것은 그것들의 존재가 아니라, 그것들과 어떻게 '사이'를 맺느냐는 것이다. 시인이 말하는 "가장 가까운 사이"란, 바로 그런 조화의 지점이며, 고통 속에서도 피어나는 성숙의 순간이다.

    꽃들은 피어나면서부터 잎이 형태를 갖춘다
    넓적하고 편편하게 모여서 핀 꽃들이 있고
    국수처럼 가닥이 있는 꽃들도 있다

    꽃들이 빛깔을 가지는 것도 오묘하지만
    꽃은 모양이나 형태 또한 오묘하지 않을 수 없다
    색깔과 모양이 각각 다르고
    어느 행성에서 떨어져 핀 것도 아닐 테고
    각자 피어서 얼굴을 내놓는다

신의 장난일까?

행성에서 열기를 잃어 떨어져 내린 난장이 종족의 발자국일까?

별이나 달에서 떨어져 내린 그림자일까?

못갖춘마디의 음표처럼

이름이 되고 색깔이 되어 피어나는 꽃들

어찌 보면 참 대책 없는 것이 꽃이 된 것 같기도 하다

—「꽃의 구성」 전문

시인은 꽃을 단순한 식물학적 구조로 보지 않고, 각기 다른 형태로 피어나는 꽃들의 모양과 색채에서 우주의 조각들, 혹은 '신의 장난' 같은 상상력을 불러낸다. "넓적하고 편편하게 모여서 핀 꽃들"과 "국수처럼 가닥이 있는 꽃들"은, 실제 자연의 다양한 꽃들을 가리키면서도, 각자 다른 삶의 방식과 개성을 가진 존재들로 확장된다. 이 꽃들은 어느 행성에서 떨어져 내린 것도 아니고, 누가 조작한 것도 아니다. 그저 "각자 피어서 얼굴을 내놓는다". 시인은 여기서 꽃의 기원을 묻는다. "신의 장난일까?/ 행성에서 열기를 잃어 떨어져 내린 난장이 종족의 발자국일까?" 이 물음들은 꽃이라는 존재가 지닌 설명 불가능한 아름다움과 우연성, 혹은 숙명성을 탐색하는 것이다. "이름이 되고 색깔이 되어 피어나는 꽃들"은 결국, 삶의 한 형태로 이 세상에 존재하게 된 '대책 없는' 생명들이다. 그것이 바로 꽃이고, 어쩌면 인간도 마찬가지다.

꽃은 단순히 아름다움을 뽐내기 위한 존재가 아니다. 벌과 나비를 끌어들이기 위한 전략, 즉 식물의 생존과 번식을 위한 가장 정교한 도구이자 수단이다. 그럼에도 그 실용성과는 별개로 우리는 꽃 앞에서 멈춰 서게 된다. 그것은 꽃이 실용 너머의 의미를 동시에 품고 있기 때문이다. 시인은 이 꽃의 존재를 "못갖춘마디의 음표"에 비유한다. 완전하지 않기에 아름답고, 정형화되지 않았기에 더 자유롭다. 꽃은 그렇게 이름이 되고, 모양이 되고, 색깔이 되어 이 세상에 나타난다. 이 시에서 꽃은 생존의 기술인 동시에, 삶이 가진 신비와 유머, 그리고 필연의 상징이 된다. "어찌 보면 참 대책 없는 것이 꽃이 된 것 같기도 하다"고 생각하는 것은 존재에 대한 근원적 물음을 던지는 동시에, 우리가 삶 속에서 각자의 얼굴을 내놓고 살아가는 방식에 대한 성찰이기도 하다.

3.

계절이 오려면 제일 먼저 꽃이 도착한다
시간을 알리듯, 계절을 알리듯
와서는 계절을 누린다

그렇게 세상에 와서
당당하고 조용하고 곱게 살다가 간다

꽃에게 되돌아간 사람들
　　　　　　　—「꽃들의 신호」 전문

　시인은 계절의 시작을 알리는 꽃의 등장으로부터, 생명의 시작과 끝, 그리고 그 안에서 누리는 삶의 의미를 풀어간다. 시는 "꽃이 먼저 도착한다"는 소박한 진술로 시작한다. 그러나 그 단순한 말 속에는 시간과 생명의 본질이 담겨 있다. "계절이 오려면 제일 먼저 꽃이 도착한다"는 말은 단지 자연의 순환을 말하는 것이 아니라 삶이라는 시간의 흐름 속에서 가장 먼저 '도착하는 존재', 곧 생명 그 자체로서의 꽃을 가리킨다. 꽃은 단지 피는 것이 아니라, 하나의 신호로 피어난다. 시간의 문을 여는 존재이자, 계절의 방향을 틀어주는 생명의 이정표다. 꽃은 "시간을 알리듯, 계절을 알리듯" 피어나 세상을 누린다. 이 '누림'은 어떤 욕망의 충족이 아닌, 잠시 머물다 가는 삶의 방식이다. "당당하고 조용하고 곱게 살다가 간다"는 문장은, 인간 삶에 대한 은근한 이상을 담고 있다. 소란스럽지 않게, 그러나 자신의 색과 향을 남기며 머무는 삶. 그렇게 피고 지는 것이 꽃의 운명이자, 인간의 몫이라는 듯 말이다.

　"꽃에게 되돌아간 사람들"에서 알 수 있는 것은 꽃이 단지 자연의 존재가 아니라, 삶과 죽음을 아우르는 상징이라는 점이다. 꽃은 다시 '되돌아가는 곳', 곧 삶의 근원

지이자 마지막 귀소점이 된다. 인간 역시 꽃처럼 피어나고, 향기를 남기며, 다시 자연으로 돌아간다. 그렇게 우리는 모두 언젠가는 "꽃에게 되돌아간 사람들"이 된다. 이 시는 꽃을 단지 번식이나 유혹의 수단으로 보지 않는다. 물론 꽃은 생명의 연장선이자 생식의 상징이지만, 시인은 그 너머의 본질, '살다 가는 존재'로서의 꽃을 본다. 그렇게 사는 것이 자연스럽고, 또 충분하다는 것을 알려준다. 꽃이 먼저 도착하고 조용히 시간을 알린다. 인간도 그 신호를 따라, 피어나고, 누리고, 사라진다. 그렇게 모두가 한 시절, 한 계절의 신호였다는 사실을 시인은 이 시를 통해 기억하게 한다.

> 중복이 지난 일 년 중 가장 뜨거운 때이다
> 청년의 가슴에 사랑이 있어
> 이 더운 삼복더위에도
> 꽃을 사러 온다
>
> 꽃은 사랑
> 그 이상이다
>
> ―「꽃의 온도」 전문

"중복이 지난, 일 년 중 가장 뜨거운 때"라는 배경을 바탕으로, 청춘의 감정과 사랑의 본질을 간결하게 포착한다. 청년은 무더위 속에서도 꽃을 사러 나선다. 땀으로 범

벽된 계절임에도 꽃을 들고 사랑을 전하려는 행위는, 단순한 열애熱愛를 넘어 사랑이 지닌 생명의 힘을 드러낸다. "꽃은 사랑/ 그 이상이다"라는 단언에서 꽃은 사랑의 은유이자, 에로스적 생명력의 상징으로 기능한다. '꽃을 산다'는 행위는 단지 마음을 전하는 수단이 아니라, 존재가 사랑이라는 감정에 의해 움직이고 있다는 것, 즉 인간의 삶이 결국 사랑을 중심으로 굴러간다는 사실을 보여주는 장면이다. 삼복더위 속에서도 꺼지지 않는 이 뜨거움은, 사랑이 단순한 감정이 아니라 생명의 원동력임을 상기시킨다. 중요한 것은, 그 어떤 조건이나 환경도 사랑의 발화를 멈추게 하지 못한다는 점이다.

꽃에게도 배꼽이 있어
부풀어 피어오르다
멈춘 곳에서 더 환하게 피어오른다

몸을 들추어 내기도 하지만
부푼 후에
비명 같은 소리들이
활짝 퍼져서
더 환하게 활짝 퍼진다

꽃들의 환호가 천 리, 만 리를 간다

꽃은 작아도 태양 같은 배꼽이
우주를 지탱한다

배꼽이 우주다
―「꽃의 배꼽」 전문

  이 시는 꽃이라는 존재 안에 숨겨진, 생명의 중심이자 우주를 품은 원형으로서의 '배꼽'에 주목한다. 시인은 꽃이 피어나는 과정을 단순한 식물학적 현상이 아닌, 하나의 '탄생'으로 본다. 그리고 그 중심, 다시 말해 모든 생명이 출발하는 '배꼽'에 우주의 깊이를 부여한다. "꽃에게도 배꼽이 있어/ 부풀어 피어오르다"는 도입은 꽃의 개화 과정을 마치 생명의 한순간처럼 인식하게 한다. 오므렸다가 점점 부풀어 오르며, 어느 지점에서 멈춘 듯하지만, 바로 거기서 다시 환하게 터져 나오는 순간, 그것이 꽃의 배꼽, 생명의 정점이다. 꽃은 단순히 피는 것이 아니라, "몸을 들추어 내기도" 하며, "비명 같은 소리"로 자신의 존재를 폭발시키듯 활짝 핀다. 그 개화의 순간은 조용한 탄생이 아니라, 환희와 고통이 뒤섞인 하나의 외침처럼 그려진다. 그리고 그 외침은 "천 리, 만 리를 간다." 이는 꽃이라는 작고 조용한 존재가 일으키는 감각적, 감정적 파장이 얼마나 먼 곳까지 비치는지를 암시한다.

  이 시의 핵심은 마지막 구절, "꽃은 작아도 태양 같은 배꼽이/ 우주를 지탱한다/ 배꼽이 우주다"에 있다. 생명의 중심이자 시작점으로서의 '배꼽'을, 단지 신체적 흔적이 아닌 하나의 우주적 기원으로 확장한다. 꽃 한 송이의 중심은 작고 보잘것없지만, 그 안에는 태양처럼 뜨겁고 묵직한 생명의 기세가 숨겨져 있다. 그것이 바로 우주다. 여기서 '배꼽'은 단지 육체의 일부가 아니라, 존재의 근원이자 확장의 상징이다. 인간이 어머니의 자궁과 배꼽을 통해 세상에 태어나듯, 꽃 역시 자신의 배꼽을 통해 삶을 피워내고, 향기와 색, 생명으로 세상에 말을 건넨다. 그러므로 "배꼽이 우주다"라는 선언은 단지 과장된 비유가 아니라, 존재의 본질을 꿰뚫는 시인의 언어다. 꽃에는 하나의 온전한 세계가 들어 있다. 마치 인간 한 사람, 그 자체가 하나의 우주인 것처럼. 시인은 가장 작은 것들이 가장 큰 세계를 품고 있다고 속삭이는 듯하다.

4.

꽃들은 상처 속에서 핀다
잎사귀를 돌아서 피어난다
꽃들은 피어나면서
꽃받침이 하고 있고
꽃받침 위에서 핀다

어쩌면 불완전하고
아찔하게 피어나는지도 모른다

아찔하고 숨 가쁘게 꽃대를 살며시 들어
그 위로 피어나는지도 모른다

고통의 끝에 매달려서
피어난다
상처를 단 것들은 언제나 꽃을 피우지
우리의 상처들이 그렇듯이
꽃들은 그러고도 환하고 찡그리지 않고

꽃들은 무르고 곱고 연해서 더욱 아름답다
불완전한 것들은 또 꽃으로 피어난다
우리의 사랑이 그렇듯이
—「진화된 상처」 전문

 세상에 완벽한 존재는 태어날 이유가 없다. 결핍과 부재와 상처를 극복하기 위해 태어나는 것이고, 그것을 극복하기 위한 부단한 노력이 아름다움으로 빛나는 것이다. 어둠이 아니면 빛의 존재를 알 수 없고, 진흙 구덩이 속에서 연꽃이 피듯이 가장 열악하고 혹독한 환경 속에서 꽃은 빛을 뿜어낸다. 어둠을 극복했기에 빛이 아름다운 것처럼, 시련이 없는 꽃은 없다. 그래서 모든 꽃은 아름답다. 꽃의 탄생을 통해, 생명과 아름다움이 어떻게 고통과 불완전함을 통해 완성되는지를 사유하는 시다. 이 시에서 꽃은 단지 생명의 정점이 아니라, 상처 위에 피어나는 존재다. "꽃들은 상처 속에서 핀다/ 잎사귀를 돌아서 피어난다"는 문장은, 꽃이 단지 비와 햇볕만으로 피어나는 것이 아니라는 사실을 암시한다. 꽃은 잎을 밀어내고, 자신을 지탱하는 꽃받침 위로 몸을 내밀며, 결국 자신의 자리를 차지한다. 이는 마치 한 존재가 자신을 둘러싼 제약과 고통을 통과해 제 빛깔을 드러내는 과정과도 같다.

시인은 "불완전하고/ 아찔하게 피어나는지도 모른다"고 말한다. 이 아찔함은 단순한 미적 감상이 아니다. 그것은 자신의 중심을 어렵사리 들어올려야만 피어날 수 있는 존재의 무게이며, 꽃이 진화시킨 상처의 흔적이다. 꽃은 그 모든 흔들림과 불완전함, 상처 위에 정적이고도 당당한 아름다움으로 존재한다. 꽃이 단지 자연의 순환이 아닌 삶의 상징이라는 것은 "상처를 단 것들은 언제나 꽃을 피우지"라는 말 속에 담겨 있다. 인간의 삶 역시 수많은 상처와 흔들림 속에서 피어나는 것이며, 그 상처를 지나야만 '사랑'도, '성장'도, '존재의 고유한 색'도 피어난다. 그래서 이 시는 꽃의 아름다움을 예찬한 시가 아니라, 아름다움이란 언제나 상처를 통과한 결과라는 점을 말한다. "불완전한 것들은 또 꽃으로 피어난다/ 우리의 사랑이 그렇듯이"라는 마지막 구절에서 '사랑'은 단지 로맨틱한 감정이 아니라, 상처에도 불구하고 피어나고 마는 인간의 깊은 본성임을 알려준다. 사랑이든 삶이든, 완벽해서 아름다운 것이 아니라, 불완전하고 연약하지만 그럼에도 피어나기 때문에 아름다운 것이다.

    한 생의 올진 마음을
    가녀린 몸으로
    한뼘도 안 되는 보라색 생을
    살다가 가는 세월의 꽃

    오므린 어깨로
    태양의 빛깔을 바꾸는 재주가 있다
    아니 밤새 이슬로 마음을 적시었을 것이다
    저 재주는 안으로 깊이 든 멍일 수도 있다
    저 색깔을 가진다는
    마음을 그을린다는 것
    환한 달빛을 받아
    보랏빛 얼룩을 만든다는 것

    화려하지 못하여
    그 마음 차마 드러낼 수 없어도
    수줍은 듯 지나는
    바람에게 마음을 전하면 그 뿐

    한 생을 한 색깔로 산
    작은 꽃잎 위에
    <u>스스스</u> 흔들리는 마음을 얹어 본다는 것
                               —「제비꽃」전문

"한 생의 올진 마음"을 "가녀린 몸으로" 살아내는 제비꽃은, 화려하지는 않지만 자신만의 방식으로 계절을 견디고 피어난 존재다. 속 깊은 감정을 머금은 채 묵묵히 피고 지는 생명의 상징이다. 시에서 보라색은 단순한 색채가 아니다. 시인은 이 색을 "깊이 든 멍", "보랏빛 얼룩", "그을린 마음" 등으로 표현하며, 보이지 않는 상처와 내면의 흔적을 드러낸다. 태양처럼 강렬한 세상의 빛을 받아 제비꽃은 자신만의 색으로 바꾼다. 이는 외부 환경에 휘둘리지 않고 자기만의 방식으로 세상과 마주한 결과이며, 동시에 그 과정에서 남겨진 감정의 흔적이다. 보랏빛은 밤새 이슬로 적신 마음, 혹은 말하지 못한 내면의 고요한 아픔일지도 모른다. 이러한 제비꽃은 "화려하지 못하여/ 그 마음 차마 드러낼 수 없어도" 결국 "바람에게 마음을 전"한다. 비록 수줍고 작은 존재일지라도, 그 안에서 전해지는 진심이 있고, 세상에 닿는 떨림이 있다. "스스 흔들리는 마음을 얹어 본다는 것"은 제비꽃을 바라보며 시인이 자신의 마음, 혹은 우리 모두의 연약하고 흔들리는 마음을 비춰보는 장면이다. "한 생을 한 색깔로 산" 제비꽃을 통해 시인은 한결같고, 흔들리되 무너지지 않으며, 상처를 품고도 끝내 피어나는 삶의 태도를 보여준다. 보랏빛은 멍과도 같고 얼룩처럼 남아 있지만, 그 속엔 연약함과 강인함이 공존하는 생의 품격이 담겨 있다.

그러고 보면
땅에서 솟아오르는 것들은 언제나 푸르다
음지를 견뎌 낸 저 푸른 멍
까무러치듯 솟아오른다

지독하게 저를 움켜쥐고
아찔하게 솟아오르는
저 힘

―「중심」 전문

  땅에서 솟아오르는 존재들을 통해, 생명력의 본질과 존재의 근원적 고통을 사유하는 시다. "그러고 보면/ 땅에서 솟아오르는 것들은 언제나 푸르다"는 말은 단순히 식물의 생장을 묘사한 것이 아니라, 삶이란 언제나 어둠과 무게를 뚫고 올라오는 푸른 기운이라는 것을 의미한다. 이 시에서 푸른색은 생기와 희망의 상징이지만, 동시에 "음지를 견뎌 낸 저 푸른 멍"이라는 구절을 통해 상처의 색, 고통의 기억으로 전환된다. 푸르다는 것은 단순히 아름다운 것이 아니라, 아픔을 견디고 살아남은 자들이 간직한 색이다. 그래서 이 푸름은 오히려 "멍"이며, "까무러치듯 솟아오른다"는 시어 속에는, 죽음의 경계를 넘어 다시 살아 돌아오려는 존재의 절박한 움직임이 담겨 있다. "지독하게 저를 움켜쥐고/ 아찔하게 솟아오르는/ 저 힘"

은 육체의 힘을 넘어, 존재를 움켜쥐고 자신을 끌어올리는 내면의 중심력이다. 삶은 끊임없이 외부로부터 압박을 받고, 어둠 속에 묻히지만, 그럼에도 한 줄기 푸른 빛으로 솟아오르려는 의지가 있다. 그것이 바로 생명의 중심이며, 존재의 본질이다.

불교문예시인선 060

꽃의 온도

초판 1쇄 발행   2025년 10월 15일

지은이　　　　오영자
발행인　　　　문병구
편　집　　　　구름나무
디자인　　　　쏠트라인
펴낸곳　　　　불교문예출판부

등록번호　　　제312-2005-000016호(2005년 6월 27일
주　 소　　　 03656 서울시 서대문구 가좌로2길 50
전화번호　　　02) 308-9520
전자우편　　　bulmoonye@hanmail.net

ISBN　　　　 978-89-97276-82-0 (03810)

* 잘못된 책은 바꾸어 드립니다.
* 지은이와 협의하여 인지를 생략합니다.
* 이 책의 판권은 지은이와 불교문예출판부에 있습니다.

* 이 책은 한국예술인복지재단 창작지원금으로 제작하였습니다.